Sorpresas

ilustrado por Joung Un Kim

Harcourt

Orlando   Boston   Dallas   Chicago   San Diego

ISBN 0-15-315122-6

5 6 7 8 9 10   175   2004

CONTENIDO

¿Fafa está malita?

—¿Dónde está Fafa?
—preguntan sus amigas.

—Ffffff—dice Fafa—.
Estoy malita.

—¿Malita? —se preguntan
sus amigas.
—¡Malita! —dice Fafa—. Fffffff.

Fafa baja la loma.

—Mamá —dice Fafa—. Ffffff.
Estoy malita. Ffffff. Ffffff.

—Siéntate aquí —dice su mamá—.
Fffff. Déjame darte un beso.

—No estás malita, Fafa.
Estás creciendo.

—Mira —dijo Fafa—.
¡Un cascabel!

El cascabel de Fafa

Fafa sube la loma.

—¡Es Fafa! —dicen sus amigas.

—¿Me extrañaron? —les pregunta Fafa.
—¿Estabas enferma? —preguntan sus amigas.

—De salud estoy bien
—dijo Fafa—.
¡Estaba creciendo!

19

¡T-t-t-t!

Fafa levanta la cola.
—¡Miren el cascabel!

—¡Vaya! —dicen sus amigas—.
¡Ahora te hablaremos de usted!

Todas las amigas de Fafa
levantan la cola.
¡T-t-t-t! ¡T-t-t-t!

—¡Vaya! —dice Fafa—.
¡Todas tenemos cascabel!

¡Nosotras estamos creciendo!
¡T-t-t-t! ¡T-t-t-t!